Geschichten auf Spanisch
Niveau A1 - Buch 2
- MIT AUDIO -

Für Spanischlerner entwickelt

Lade deine Audio-Dateien herunter:

Schritt 1: Gehe auf Esidioma.com/extras

Schritt 2: Trage den folgenden Code ein:

DPNgl

Bei Fragen wende dich gern an: info@Esidioma.com

Esidioma

esidioma.com

Contents

Lerne mit uns Spanisch!
Wir haben alles, was du zur Verbesserung deiner
Sprachkenntnisse brauchst

Copyright © Esidioma
Texte: José Antonio Santiago
Gestaltung: Esidioma Team
Bilder: pexels.com
ISBN - 978-84-16971-63-3
Pflichtexemplarnummer - AS 01358-2024

Un piloto en México
Ein Pilot in Mexiko

Vocabulario

1. piloto (m.)	Pilot
2. volar	fliegen
3. tener miedo	Angst haben
4. peligroso	gefährlich
5. por cierto	übrigens
6. levantarse	aufstehen
7. pronto	früh
8. dormir	schlafen
9. viajar	reisen
10. país (m.)	Land
11. conocer	kennen
12. inteligente	intelligent
13. aburrido	langweilig
14. hacer ejercicio	Sport machen
15. correr	laufen, rennen
16. beber	trinken
17. fumar	rauchen
18. comida (f.)	Essen
19. sano	gesund
20. regalo (m.)	Geschenk
21. camiseta (f.)	T-Shirt
22. significar	bedeuten
23. letra (f.)	Buchstaben
24. leer	lesen
25. mundo (m.)	Welt

Un piloto en México

¡Hola! Este es mi amigo Erick. Vive en Tijuana, en México, y es piloto. No me gusta el trabajo de Erick. ¿Sabéis por qué? Porque no me gusta volar. Tengo miedo a volar. Creo que volar es peligroso.

Por cierto, Erick se levanta muy pronto. Tiene que ir al aeropuerto a las cinco de la mañana. ¡A las cinco de la mañana! Yo no puedo hacer eso porque me gusta dormir. Por eso, yo no puedo ser piloto.

Mi amigo Erick viaja mucho. Siempre está en un país nuevo. Conoce muchas ciudades. Además, habla cinco idiomas. ¡Madre mía! Erick es muy inteligente. Yo no hablo otros idiomas. ¡Qué pena!

Ein Pilot in Mexiko

Hallo! Das ist mein Freund Erick. Er lebt in Tijuana in Mexiko und ist Pilot. Ich mag Ericks Job nicht. Weißt du, warum? Weil ich nicht gerne fliege. Ich habe Angst vor dem Fliegen. Ich halte Fliegen für gefährlich.

Erick steht übrigens sehr früh auf. Er muss um fünf Uhr morgens zum Flughafen. Um fünf Uhr morgens! Das kann ich nicht, weil ich gerne schlafe. Deshalb kann ich kein Pilot sein.

Mein Freund Erick reist viel. Er ist immer in einem neuen Land. Er kennt viele Städte. Außerdem spricht er fünf Sprachen. Meine Güte! Erick ist sehr intelligent. Ich spreche keine anderen Sprachen. Das ist schade!

Después de trabajar, Erick siempre va a la cafetería del aeropuerto. Le gusta hablar con otros pilotos. Los pilotos siempre tienen historias interesantes. Mis historias son siempre aburridas.

A Erick le gusta hacer ejercicio. Cuando está en Tijuana, va a correr todos los días. Además, no bebe alcohol y no fuma. Y solo come comida sana. ¡Erick es un superhéroe!

Hoy voy a ver a Erick. Dice que tiene un regalo para mí:

—Es una camiseta de Japón. ¿Te gusta?

—Sí, es muy bonita. Pero ¿qué significan estas letras japonesas? No sé leer japonés.

—Aquí dice: "Mi amigo no habla idiomas. No le gusta volar. No quiere hacer ejercicio. Pero es mi mejor amigo".

—¡Me encanta! Eres el mejor amigo del mundo.

Nach der Arbeit geht Erick immer ins Flughafen-café. Er redet gerne mit anderen Piloten. Piloten haben immer interessante Geschichten. Meine Geschichten sind immer langweilig.

Erick macht gerne Sport. Wenn er in Tijuana ist, geht er jeden Tag laufen. Außerdem trinkt er keinen Alkohol und raucht nicht. Und er isst nur gesundes Essen. Erick ist ein Superheld!

Heute werde ich Erick sehen. Er sagt, er hat ein Geschenk für mich:

»Das ist ein T-Shirt aus Japan. Gefällt's dir?«

»Ja, es ist schön. Aber was bedeuten diese japanischen Buchstaben? Ich kann kein Japanisch lesen.«

»Hier steht: ›Mein Freund spricht keine Sprachen. Er fliegt nicht gern. Er möchte keinen Sport machen. Aber er ist mein bester Freund.‹«

»Ich find's super! Du bist der beste Freund der Welt.«

Ejercicios

---

1 Escoge la preposición correcta:
Wähle die richtige Präposition:

1. Tengo miedo **por / a** volar.
2. **De / Por** cierto, Erick se levanta muy pronto. Tiene que ir **del / al** aeropuerto **de / a** las cinco **de / por** la mañana.
3. Después **de / a** trabajar, Erick va **en / a** la cafetería.
4. Le gusta hablar **para / con** otros pilotos.
5. Erick dice que tiene un regalo **para / por** mí.
6. Eres el mejor amigo **al / del** mundo.

2 Escoge la respuesta correcta:
Wähle die richtige Antwort:

1. ¿Quién tiene miedo a volar?
   a) Erick b) los pilotos c) el amigo de Erick
2. ¿Cuántos idiomas habla Erick?
   a) cinco b) dos c) cuatro
3. ¿Quién tiene siempre historias interesantes?
   a) los japoneses b) el amigo de Erick
   c) los pilotos
4. ¿A dónde va Erick después de trabajar?
   a) a correr b) a la cafetería c) a dormir
5. ¿Qué regalo tiene Erick para su amigo?
   a) un viaje a Japón b) una camiseta c) un libro japonés

3 Completa las frases con las siguientes palabras:
Vervollständige die Sätze mit den folgenden Wörtern:

todos / levanta / letras / mejor /
peligroso / pena

1. Creo que volar es _____ .
2. Erick se _____ muy pronto.
3. Eres el _____ amigo del mundo.
4. Va a correr _____ los días.
5. Yo no hablo otros idiomas. ¡Qué _____ !
6. ¿Qué significan estas _____ japonesas?

4 Combina las columnas:
Verbinde die Spalten:

1. Mis historias son   a. fuma
2. No sé leer   b. aburridas
3. Erick no bebe alcohol y no   c. nuevo
4. Siempre está en un país   d. japonés
5. No quiero hacer   e. sana
6. Erick solo come comida   f. ejercicio

Soluciones

Ejercicio 1: 1–a, 2–Por, al, a, de, 3–de, a, 4–con, 5–para, 6–del
Ejercicio 2: 1-c, 2-a, 3-c, 4-b, 5-b
Ejercicio 3: 1–peligroso, 2–levanta, 3–mejor, 4–todos,
5–pena, 6–letras
Ejercicio 4: 1–b, 2–d, 3–a, 4–c, 5–f, 6–e

De Sevilla a la Luna
Von Sevilla zum Mond

Vocabulario

1. Luna (f.)	Mond
2. gente (f.)	Leute
3. cosa (f.)	Sache, Ding
4. famoso	berühmt
5. hace calor	es ist heiß
6. verano (m.)	Sommer
7. espacio (m.)	All
8. hace frío	es ist kalt
9. increíble	unglaublich
10. fácil	einfach
11. noticia (f.)	Nachricht
12. próximo	nächster
13. lunes (m.)	Montag
14. semana (f.)	Woche
15. estrella (f.)	Stern
16. mes (m.)	Monat
17. volver	zurückkommen
18. Tierra (f.)	die Erde
19. preocupado	besorgt
20. contento	erfreut, zufrieden
21. mirar	schauen
22. cielo (m.)	Himmel
23. actriz (f.)	Schauspielerin
24. enfadarse	wütend werden
25. reírse	lachen

De Sevilla a la Luna

Audio 2

Hola, soy Ana. Vivo en Sevilla, la ciudad más bonita de España. Pero mis amigos dicen que vivo en la Luna. ¿Sabes por qué? Porque soy astronauta.

Trabajo en la Agencia Espacial Española. Aquí trabaja gente de muchos países. Hacemos cosas muy interesantes. Creo que tengo el mejor trabajo del mundo.

Me gusta mi trabajo y me gusta esta ciudad. Sevilla es una ciudad muy famosa. Todo el mundo conoce Sevilla, ¿verdad? Aquí hace mucho calor en verano. ¡Me encanta! ¿Quieres saber por qué? Porque en el espacio hace mucho frío.

Von Sevilla zum Mond

Hallo, ich bin Ana. Ich lebe in Sevilla, der schönsten Stadt Spaniens. Aber meine Freunde sagen, dass ich auf dem Mond lebe. Weißt du, warum? Weil ich Astronautin bin.

Ich arbeite bei der spanischen Raumfahrtbehörde. Hier arbeiten Leute aus vielen verschiedenen Ländern. Wir machen sehr interessante Sachen. Ich glaube, ich habe den besten Job der Welt.

Ich mag meine Arbeit und ich mag diese Stadt. Sevilla ist eine sehr berühmte Stadt. Jeder kennt Sevilla, oder? Im Sommer ist es hier sehr heiß. Ich liebe es! Möchtest du wissen, warum? Weil es im Weltraum sehr kalt ist.

Viajar al espacio es increíble. Pero no es fácil. Hay que hacer muchas cosas: hay que estudiar, hay que hacer ejercicio, hay que trabajar mucho… Pero hoy tengo buenas noticias. El próximo lunes voy a ir al espacio. Sí, la semana que viene voy a ver las estrellas. ¡Qué bien!

Mi padre dice: "¿Por qué quieres ir al espacio? Es muy peligroso". Y yo digo: "Papá, no te preocupes. El mes que viene voy a volver a la Tierra". Mi padre está preocupado y contento al mismo tiempo. Dice: "Buen viaje. Voy a mirar al cielo todos los días".

Mi hija me dice: "Yo también quiero ser astronauta". Y yo le digo: "No, es muy peligroso. ¿No quieres ser doctora o actriz?". Entonces, ella se enfada: "¡No! Quiero ser astronauta. Quiero vivir en la Luna, como tú". Yo me río. No es mala idea. Podemos vivir juntas en Sevilla o en la Luna.

In den Weltraum zu reisen ist unglaublich, aber nicht einfach. Man muss viele Sachen machen: Man muss lernen, man muss Sport treiben, man muss viel arbeiten... Aber heute habe ich gute Nachrichten. Nächsten Montag werde ich ins All fliegen. Ja, nächste Woche werde ich die Sterne sehen. Großartig!

Mein Vater sagt: »Warum willst du ins All? Es ist sehr gefährlich.« Und ich sage: »Papa, keine Sorge. Nächsten Monat kehre ich zur Erde zurück« Mein Vater ist besorgt und glücklich zugleich. Er sagt: »Gute Reise. Ich werde jeden Tag in den Himmel schauen.«

Meine Tochter sagt: »Ich will auch Astronautin werden.« Ich sage: »Nein, das ist gefährlich. Willst du nicht Ärztin oder Schauspielerin werden?« Sie ist sauer: »Nein! Ich will Astronautin werden. Ich will auf dem Mond leben so wie du.« Ich lache. Keine schlechte Idee. Wir können zusammen in Sevilla oder auf dem Mond leben.

Ejercicios

1 Escoge la preposición correcta:
Wähle die richtige Präposition:

1. Vivo **en / a** Sevilla, la ciudad más bonita **de / a** España.
2. Aquí hace mucho calor **por / en** verano.
3. El mes que viene voy **a / de** volver **a / de** la Tierra.
4. Mi padre está preocupado y contento **al / en** mismo tiempo.
5. Voy a mirar **por el / al** cielo todos los días.
6. Aquí trabaja gente **de / por** muchos países.

2 Escoge la respuesta correcta:
Wähle die richtige Antwort:

1. ¿Cuál es la profesión de Ana?
   a) doctora b) actriz c) astronauta
2. ¿Qué tiempo hace en Sevilla en verano?
   a) hace calor b) hace frío c) hace mucho viento
3. ¿Cuándo va a ir Ana al espacio?
   a) el mes que viene b) el próximo lunes
   c) en verano
4. ¿Quién está preocupado por Ana?
   a) su padre b) su hija c) los astronautas
5. ¿Cuándo va a volver Ana a la Tierra?
   a) este mes b) la semana que viene c) el mes que viene

3 Completa las frases con las siguientes palabras:
Vervollständige die Sätze mit den folgenden Wörtern:

estrellas / espacio / contento /
cielo / juntas / enfada

1. Viajar al _____ es increíble.
2. La semana que viene voy a ver las _____ .
3. Voy a mirar al _____ todos los días.
4. Mi padre está preocupado y _____ al mismo tiempo.
5. Mi hija se _____: "¡No! Quiero ser astronauta".
6. Mi hija y yo podemos vivir _____ en Sevilla o en la Luna.

4 Combina las columnas:
Verbinde die Spalten:

1. Tengo el mejor trabajo del   a. días
2. Sevilla es una ciudad muy   b. frío
3. En el espacio hace mucho   c. mundo
4. Hoy tengo buenas   d. noticias
5. Voy a mirar al cielo todos los   e. Tierra
6. El mes que viene voy a volver a la   f. famosa

Soluciones

Ejercicio 1: 1–en, de, 2–en, 3–a, a, 4–al, 5–al, 6–de
Ejercicio 2: 1-c, 2-a, 3-b, 4-a, 5-c
Ejercicio 3: 1–espacio, 2–estrellas, 3–cielo, 4–contento, 5–enfada, 6–juntas
Ejercicio 4: 1–c, 2–f, 3–b, 4–d, 5–a, 6–e

Mark, un actor en Argentina
Mark, Schauspieler in Argentinien

Vocabulario

1.	cine (m.)	Kino
2.	película (f.)	Film
3.	teatro (m.)	Theater
4.	actor (m.)	Schauspieler
5.	rápido	schnell
6.	clase (f.)	Unterricht, Stunde
7.	restaurante (m.)	Restaurant
8.	practicar	üben
9.	cliente (m.)	Kunde, Gast
10.	palabra (f.)	Wort
11.	simpático	nett, freundlich
12.	playa (f.)	Strand
13.	martes (m.)	Dienstag
14.	típico	typisch
15.	probar	probieren
16.	plato (m.)	Gericht; Teller
17.	rico	lecker, reich
18.	fin (m.) de semana	Wochenende
19.	vender	verkaufen
20.	palomitas (f. pl.)	Popcorn
21.	bebida (f.)	Getränk
22.	póster (m.)	Plakat
23.	niño (m.)	Junge, Kind
24.	tener razón	recht haben

Mark, un actor en Argentina

¿Te gusta ir al cine? ¿Te gusta ver películas? A Mark le gustan el cine y el teatro. Por eso, él es actor. En su país, Mark es muy famoso. Todo el mundo lo conoce. Pero nadie lo conoce en México o Argentina. Por eso, quiere aprender español.

Ahora vive en Quilmes. Es una ciudad muy bonita en Argentina. Vive aquí para aprender español. Quiere aprender rápido. Por eso, va a clases de español todos los días.

Además, trabaja en un restaurante. Le gusta su trabajo porque puede practicar español. Habla con los clientes y aprende palabras nuevas.

Mark, Schauspieler in

Gehst du gern ins Kino? Schaust du gern Filme? Mark mag Kino und Theater. Deshalb ist er Schauspieler. In seinem Land ist Mark sehr berühmt. Jeder kennt ihn. Aber niemand kennt ihn in Mexiko oder Argentinien. Deshalb möchte er Spanisch lernen.

Er lebt jetzt in Quilmes. Das ist eine sehr schöne Stadt in Argentinien. Er lebt hier, um Spanisch zu lernen. Er möchte schnell lernen. Deshalb geht er jeden Tag zum Spanischunterricht.

Außerdem arbeitet er in einem Restaurant. Er mag seinen Job, weil er sein Spanisch üben kann. Er spricht mit den Gästen und lernt neue Wörter.

Mark está contento en Quilmes. Le gusta vivir en Argentina. Dice que la gente es simpática. Además, hay una playa muy bonita. ¡Y el tiempo es perfecto! Por cierto, todos los martes va a un restaurante de comida típica argentina. Le gusta probar platos nuevos. "¿Cómo se llama esto? ¡Mmmmmh, me encanta! ¿Y esto? ¡Madre mía! ¡Qué rico!".

Los fines de semana, Mark trabaja en un cine. Vende palomitas y bebidas. Hoy, hay una película muy interesante. ¿Sabes por qué? Porque Mark está en esa película. Por cierto, Mark está en el póster de la película.

Un niño viene y mira el póster. Después, mira a Mark y dice: "Señor, ¿es usted actor?". Mark dice: "Sí. Soy actor, pero ahora trabajo aquí". Y el niño dice: "Claro. Todos los actores trabajan en un cine". Mark se ríe porque el niño tiene razón.

Mark ist glücklich in Quilmes. Er lebt gerne in Argentinien. Er sagt, dass die Leute freundlich sind. Außerdem gibt es einen sehr schönen Strand. Und das Wetter ist perfekt! Übrigens geht er jeden Dienstag in ein Restaurant mit traditioneller argentinischer Küche. Er probiert gerne neue Gerichte aus. »Wie heißt das? Mmmh, schmeckt super! Und das? Ooh! Sehr lecker!«

An den Wochenenden arbeitet Mark in einem Kino. Er verkauft Popcorn und Getränke. Heute läuft ein sehr interessanter Film. Weißt du, warum? Weil Mark in diesem Film mitspielt. Mark ist übrigens auf dem Filmplakat.

Ein Junge kommt und schaut sich das Plakat an. Dann sieht er Mark an und sagt: »Sind Sie Schauspieler?« Mark sagt: »Ja, ich bin Schauspieler, aber jetzt arbeite ich hier.« Der Junge sagt: »Klar. Alle Schauspieler arbeiten im Kino.« Mark lacht, weil der Junge recht hat.

Ejercicios

 **1** Escoge la preposición correcta:
Wähle die richtige Präposition:

1. ¿Te gusta ir **en / al** cine?
2. **A / De** Mark le gusta el cine. **Por / De** eso, él es actor.
3. Vive en Argentina **a / para** aprender español.
4. **Con / Por** cierto, todos los martes va a un restaurante
de / en comida típica argentina.
5. Mark está **al / en el** póster **de / por** la película.
6. Mark va **a / de** clases **a / de** español todos los días.

2 Escoge la respuesta correcta
Wähle die richtige Antwort:

1. ¿Dónde es famoso Mark?
    a) en Argentina b) en México c) en su país
2. ¿Cuándo trabaja Mark en el cine?
    a) todos los días b) los fines de semana c) los martes
3. ¿A dónde va Mark los martes?
    a) a un restaurante b) al cine c) a clases de español
4. ¿Qué vende Mark en el cine?
    a) comida argentina b) pósters c) palomitas y bebidas
5. ¿Por qué está Mark en el poster de la película?
    a) porque habla español b) porque es actor
    c) porque vende palomitas

3 Completa las frases con las siguientes palabras:
Vervollständige die Sätze mit den folgenden Wörtern:

fines / película / típica / practicar /
tiempo / famoso

1. Le gusta su trabajo porque puede _____ español.
2. Los _____ de semana, Mark trabaja en un cine.
3. Mark va a un restaurante de comida _____ argentina.
4. En su país, Mark es muy _____ .
5. Mark está en el póster de la _____ .
6. Hay una playa bonita y el _____ es perfecto.

4 Combina las columnas:
Verbinde die Spalten:

1. Le gusta probar platos   a. razón
2. La gente en Argentina es   b. clientes
3. Un niño viene y mira el   c. simpática
4. Mark se ríe porque el niño tiene d. nuevos
5. En el restaurante, habla con los e. rápido
6. Quiere aprender español   f. póster

Soluciones

Ejercicio 1: 1–al, 2–A, Por, 3–para, 4–Por, de, 5–en el, de,
6–a, de
Ejercicio 2: 1-c, 2-b, 3-a, 4-c, 5-b
Ejercicio 3: 1–practicar, 2–fines, 3–típica, 4–famoso,
5–película, 6–tiempo
Ejercicio 4: 1–d, 2–c, 3–f, 4–a, 5–b, 6–e

Mi amiga vive en Cuba
Meine Freundin lebt in Kuba

Vocabulario

1.	pintor (m.)	Maler
2.	tercero	dritter
3.	isla (f.)	Insel
4.	para siempre	für immer
5.	pintar	malen
6.	alegre	fröhlich
7.	triste	traurig
8.	color (m.)	Farbe
9.	amarillo	gelb
10.	azul	blau
11.	sol (m.)	Sonne
12.	mar (m.)	Meer
13.	importante	wichtig
14.	difícil	schwierig
15.	cuadro (m.)	Bild, Gemälde
16.	comprar	kaufen
17.	turista (m.)	Tourist
18.	mujer (f.)	Frau
19.	costar	kosten
20.	entender	verstehen
21.	nada	nichts
22.	pensar	denken
23.	algo	etwas
24.	primero	erster
25.	útil	nützlich

Mi amiga vive en Cuba

🔊 Audio 4

¿Conocéis a mi amiga Alison? Es pintora y vive en Cuba. Este es su tercer mes aquí. Dice que Cuba es una isla muy bonita. Quiere vivir aquí para siempre.

A Alison le gusta pintar cosas bonitas y alegres. Nunca pinta nada triste. Sus colores favoritos son el amarillo y el azul. Por eso le gusta pintar el sol, la playa y el mar.

Mi amiga Alison no habla español. ¡Qué pena! No le gusta estudiar. Además, no tiene tiempo. Solo tiene tiempo para pintar. ¿Es importante aprender idiomas? Alison piensa que no es importante. Dice que aprender idiomas es difícil.

Mein Freundin lebt in Kuba

Kennt ihr meine Freundin Alison? Sie ist Malerin und lebt in Kuba. Dies ist ihr dritter Monat hier. Sie sagt, dass Kuba eine sehr schöne Insel ist. Sie möchte für immer hier leben.

Alison malt gerne schöne, fröhliche Dinge. Sie malt nie etwas Trauriges. Ihre Lieblingsfarben sind Gelb und Blau. Deshalb malt sie gerne die Sonne, den Strand und das Meer.

Meine Freundin Alison spricht kein Spanisch. Wie schade! Sie lernt nicht gern. Außerdem hat sie keine Zeit. Sie hat nur Zeit zum Malen. Ist es wichtig, Sprachen zu lernen? Alison meint, es sei nicht wichtig. Sie sagt, es sei schwierig, Sprachen zu lernen.

Alison vende sus cuadros en la calle. Pero nadie los compra. Ella no sabe por qué. Sus cuadros son grandes y bonitos. Además, aquí hay muchos turistas. Y los turistas siempre compran muchas cosas, ¿verdad? ¿Por qué no compran sus cuadros?

Una mujer viene y mira un cuadro. Le gusta mucho. Quiere comprarlo. Así que dice: "¿Cuánto cuesta este cuadro?". Alison no entiende nada. No sabe qué decir. La señora dice: "¿Habla usted español? ¿Puedo comprar este cuadro?". Alison no dice nada. Entonces, la señora dice "gracias" y se va. Alison piensa: "Tengo que hacer algo".

Ahora Alison estudia español todos los días. Un día, un turista viene y dice: "¡Qué cuadro tan bonito! ¿Cuánto cuesta?". Alison lo entiende todo. ¡Va a vender su primer cuadro! ¡Qué bien! Saber idiomas es muy útil, ¿verdad?

Alison verkauft ihre Bilder auf der Straße. Aber niemand kauft sie. Sie weiß nicht, warum. Ihre Bilder sind groß und schön. Außerdem gibt es hier viele Touristen. Und Touristen kaufen immer viele Dinge, oder? Warum kaufen sie ihre Bilder nicht?

Eine Frau kommt und betrachtet ein Gemälde. Sie mag es sehr. Sie will es kaufen. Also fragt sie: »Wie viel kostet dieses Bild?« Alison versteht nichts. Sie weiß nicht, was sie sagen soll. Die Frau sagt: »Sprechen Sie Spanisch? Kann ich dieses Bild kaufen?« Alison sagt nichts. Da sagt die Frau »Danke« und geht. Alison denkt: »Ich muss etwas tun.«

Nun lernt Alison jeden Tag Spanisch. Einmal kommt ein Tourist und sagt: »Was für ein wunderschönes Bild! Wie viel kostet es?« Alison versteht alles. Sie wird ihr erstes Gemälde verkaufen! Großartig! Sprachkenntnisse sind sehr nützlich, nicht wahr?

Ejercicios

 Escoge la preposición correcta:
Wähle die richtige Präposition:

1. Alison vende sus cuadros **en / a** la calle.
2. Quiere vivir aquí **por / para** siempre.
3. Alison no sabe **por / para** qué nadie compra sus cuadros.
4. **A / De** Alison le gusta pintar cosas bonitas y alegres.
5. ¡Qué bien! ¡Va **por / a** vender su primer cuadro!
6. Solo tiene tiempo **de / para** pintar.

2 Escoge la respuesta correcta:
Wähle die richtige Antwort:

1. ¿Qué pinta Alison?
   a) cosas bonitas y alegres b) cosas tristes c) a los turistas
2. ¿Cómo son los cuadros de Alison?
   a) pequeños b) grandes c) pequeños y bonitos
3. ¿Dónde vende Alison sus cuadros?
   a) en la calle b) en la playa c) en una tienda
4. ¿Por qué la mujer no compra el cuadro?
   a) porque no tiene dinero b) porque no le gusta
   c) porque no sabe cuánto cuesta
5. ¿Cuáles son los colores favoritos de Alison?
   a) azul y rojo b) amarillo y blanco c) amarillo y azul

3 Completa las frases con las siguientes palabras:
Vervollständige die Sätze mit den folgenden Wörtern:

cuadro / isla / tan / útil /
cuesta / tercer

1. Cuba es una _____ muy bonita.
2. Este es su _____ mes aquí.
3. Saber idiomas es muy _____ , ¿verdad?
4. Una mujer viene y mira un _____ .
5. La mujer dice: "¿Cuánto _____ este cuadro?
6. ¡Qué cuadro _____ bonito!

4 Combina las columnas:
Verbinde die Spalten:

1. Sus cuadros son grandes y   a. pintar
2. Alison nunca pinta nada   b. bonitos
3. Le gusta pintar el sol y la   c. siempre
4. Alison solo tiene tiempo para   d. va
5. La señora dice "gracias" y se   e. triste
6. Quiere vivir aquí para   f. playa

Soluciones

Ejercicio 1: 1–en, 2–para, 3–por, 4–A, 5–a, 6–para
Ejercicio 2: 1-a, 2-b, 3-a, 4-c, 5-c
Ejercicio 3: 1–isla, 2–tercer, 3–útil, 4–cuadro, 5–cuesta, 6–tan
Ejercicio 4: 1–b, 2–e, 3–f, 4–a, 5–d, 6–c

Soy un abogado en Chile
Ich bin Anwalt in Chile

Vocabulario

1.	abogado (m.)	Anwalt
2.	empresa (f.)	Unternehmen
3.	chino	Chinesisch
4.	capital (f.)	Hauptstadt
5.	millón (m.)	Million
6.	persona (f.)	Person
7.	casi	fast
8.	hijo (m.)	Sohn
9.	escribir	schreiben
10.	falta (f.)	Fehler
11.	ortografía (f.)	Rechtschreibung
12.	salir de casa	aus dem Haus gehen
13.	por la mañana	morgens
14.	por la noche	abends, nachts
15.	compañero (m.) de trabajo	Arbeitskollege
16.	alemán	Deutsch
17.	a veces	manchmal
18.	francés	Französisch
19.	oficina (f.)	Büro
20.	un poco	ein bisschen
21.	mejorar	verbessern
22.	vecino (m.)	Nachbar
23.	abrir	öffnen
24.	puerta (f.)	Tür

Soy un abogado en Chile

Hola, ¿qué tal? Me llamo Tom y vivo en Chile. Trabajo de abogado en una empresa china. Vivo en la capital, en Santiago de Chile.

Santiago de Chile es una ciudad muy grande. Aquí viven millones de personas. Hay gente de todo el mundo, pero casi todos hablan español. Yo soy de una ciudad pequeña, pero me gusta vivir aquí.

Vivo con mi mujer y mis hijos. Ellos ya hablan español muy bien. Yo lo hablo muy mal. Nunca sé qué decir. Además, cuando escribo, tengo muchas faltas de ortografía. Mi mujer dice que tengo que estudiar todos los días.

Ich bin Anwalt in Chile

Hallo, wie geht's? Mein Name ist Tom und ich lebe in Chile. Ich arbeite als Anwalt in einem chinesischen Unternehmen. Ich lebe in der Hauptstadt, in Santiago de Chile.

Santiago de Chile ist eine sehr große Stadt. Hier leben Millionen von Menschen. Hier sind Leute aus der ganzen Welt, aber fast alle sprechen Spanisch. Ich komme aus einer kleinen Stadt, aber ich lebe gerne hier.

Ich lebe mit meiner Frau und meinen Kindern. Sie sprechen schon sehr gut Spanisch. Ich spreche sehr schlecht. Ich weiß nie, was ich sagen soll. Außerdem mache ich beim Schreiben viele Rechtschreibfehler. Meine Frau sagt, ich muss jeden Tag lernen.

Sí, tengo que aprender español, pero no tengo tiempo. Tengo que trabajar todos los días. Salgo de casa por la mañana y vuelvo por la noche. Nunca tengo tiempo para estudiar.

En el trabajo, casi todo el mundo habla chino. Por eso no puedo practicar mi español. Pero mi chino ahora es muy bueno. Tengo compañeros de trabajo alemanes. Con ellos hablo en alemán. Así que, ahora mi alemán es casi perfecto. Y, a veces, también practico el francés. En esta oficina la gente habla muchos idiomas, pero nadie habla español.

Estoy un poco triste porque no puedo mejorar mi español. Mi mujer me dice: "¿Por qué no vas a hablar con los vecinos?". Mmmmh, bueno, puedo probar. Voy a casa de los vecinos. Abren la puerta… ¡Son japoneses! Sé un poco de japonés. Así que, ahora puedo practicarlo. ¡Qué bien!

Ja, ich muss Spanisch lernen, aber ich habe keine Zeit. Ich muss jeden Tag arbeiten. Ich gehe morgens aus dem Haus und komme abends zurück. Zeit zum Lernen habe ich nie.

Bei der Arbeit sprechen fast alle Chinesisch. Deshalb kann ich mein Spanisch nicht üben. Aber mein Chinesisch ist jetzt sehr gut. Ich habe deutsche Kollegen. Mit ihnen spreche ich Deutsch. Daher ist mein Deutsch jetzt fast perfekt. Manchmal übe ich auch Französisch. In diesem Büro sprechen die Leute viele Sprachen, aber niemand spricht Spanisch.

Ich bin ein bisschen traurig, weil ich mein Spanisch nicht verbessern kann. Meine Frau sagt zu mir: „Warum redest du nicht mit den Nachbarn?" Mm, ok, ich kann es versuchen. Ich gehe zu den Nachbarn. Sie machen die Tür auf... Sie sind Japaner! Ich kann ein wenig Japanisch. Jetzt kann ich üben. Großartig!

Ejercicios

---

1 Escoge la preposición correcta:
Wähle die richtige Präposition:

1. Trabajo **de / por** abogado **en / a** una empresa china.
2. Cuando escribo, tengo muchas faltas **de / con** ortografía.
3. Salgo **de / a** casa **de / por** la mañana y vuelvo **de / por** la noche.
4. Nunca tengo tiempo **para / con** estudiar.
5. **De / A** veces, también practico el francés.
6. Yo soy **de / en** una ciudad pequeña.

2 Escoge la respuesta correcta:
Wähle die richtige Antwort:

1. ¿Dónde vive Tom?
   a) en China b) en una ciudad pequeña c) en Chile
2. ¿Quién tiene faltas de ortografía?
   a) Tom b) su mujer y sus hijos c) sus compañeros chinos
3. ¿Qué idioma NO se habla en la oficina?
   a) el chino b) el español c) el alemán
4. ¿Por qué está Tom un poco triste?
   a) no quiere vivir en Chile b) su mujer está triste
   c) no puede mejorar su español
5. ¿Por qué Tom no practica español con los vecinos?
   a) no tiene vecinos b) son japoneses c) no sabe qué decir

3 Completa las frases con las siguientes palabras:
Vervollständige die Sätze mit den folgenden Wörtern:

abogado / capital / compañeros / casi /
idiomas / puerta

1. Santiago de Chile es la _____ de Chile.
2. En el trabajo, _____ todo el mundo habla chino.
3. Los vecinos abren la _____ ¡y son japoneses!
4. Trabajo de _____ en una empresa china.
5. Tengo _____ de trabajo alemanes.
6. En esta oficina la gente habla muchos _____ .

4 Combina las columnas:
Verbinde die Spalten:

1. Aquí viven millones de   a. japonés
2. Ahora mi alemán es casi   b. mañana
3. Sé un poco de   c. personas
4. Voy a casa de los   d. escribo
5. Tengo muchas faltas cuando   e. vecinos
6. Salgo de casa por la   f. perfecto

Soluciones

Ejercicio 1: 1–de, en, 2–de, 3–de, por, por, 4–para, 5–A, 6–de
Ejercicio 2: 1-c, 2-a, 3-b, 4-c, 5-b
Ejercicio 3: 1–capital, 2–casi, 3–puerta, 4–abogado,
5–compañeros, 6–idiomas
Ejercicio 4: 1–c, 2–f, 3–a, 4–e, 5–d, 6–b

Greta trabaja en Colombia
Greta arbeitet in Kolumbien

44

Vocabulario

1.	doctor (m.)	Arzt
2.	hospital (m.)	Krankenhaus
3.	marido (m.)	Ehemann
4.	enfermero (m.)	Krankenpfleger
5.	pareja (f.)	Paar
6.	juntos	gemeinsam
7.	desayunar	frühstücken
8.	diferente	verschieden
9.	parte (f.)	Teil
10.	paciente (m.)	Patient
11.	doler	weh tun
12.	pregunta (f.)	Frage
13.	por supuesto	selbstverständlich
14.	respuesta (f.)	Antwort
15.	libro (m.)	Buch
16.	enfermo	krank
17.	examen (m.)	Prüfung, Arbeit
18.	matemáticas (f. pl.)	Mathematik
19.	colegio (m.)	Schule
20.	sentirse	sich fühlen
21.	hasta luego	Tschüss, bis später
22.	necesitar	brauchen
23.	profesional	professionell
24.	curar	heilen
25.	medicina (f.)	Medizin

Greta trabaja en Colombia

Greta vive en Bogotá, la capital de Colombia. Es doctora y trabaja en un hospital. En el hospital también trabaja su marido. Él es enfermero y se llama Luis. Son una pareja perfecta.

Todos los días, Greta y su marido se levantan juntos. Desayunan juntos y van al hospital juntos. Pero no trabajan juntos. Un hospital es como una ciudad pequeña. Aquí trabaja mucha gente. Greta y Luis trabajan en diferentes partes del hospital.

Trabajar en un hospital no es fácil. Todos los días, Greta habla con mucha gente. A veces, viene un paciente y dice: "Ay, doctora, me duele mucho aquí.

Greta arbeitet in Kolumbien

Greta lebt in Bogota, der Hauptstadt Kolumbiens. Sie ist Ärztin und arbeitet in einem Krankenhaus. Ihr Mann arbeitet auch in dem Krankenhaus. Er ist Krankenpfleger und heißt Luis. Sie sind ein perfektes Paar.

Jeden Tag stehen sie gemeinsam auf, frühstücken und fahren gemeinsam zum Krankenhaus. Aber sie arbeiten nicht zusammen. Ein Krankenhaus ist wie eine kleine Stadt. Viele Leute arbeiten hier. Greta und Luis arbeiten in verschiedenen Teilen des Krankenhauses.

Die Arbeit in einem Krankenhaus ist nicht einfach. Jeden Tag spricht Greta mit vielen Leuten. Manchmal kommt ein Patient und sagt: »Au, Doktor, hier schmerzt

¿Qué me pasa?". Entonces, Greta tiene que hacer muchas preguntas. Y por supuesto, tiene que entender las respuestas. Por eso tiene que hablar español bien.

Greta compra muchos libros para mejorar su español. Luis dice: "Greta, ¿por qué quieres aprender más? Tu español es perfecto". Y su mujer dice: "No, a veces no entiendo a mis pacientes".

Hoy, el hijo de Greta y Luis está enfermo. "Papá, me duele todo. ¿Qué me pasa?". Luis no sabe qué hacer. Entonces, viene Greta, mira a su hijo y dice: "Hoy tienes un examen de matemáticas y no quieres ir al colegio, ¿verdad?". El niño dice: "Bueno… sí, mamá, tengo un examen… y… y… ya me siento mejor. Hasta luego". Luis se ríe y dice: "Greta, no necesitas mejorar tu español. Ya eres muy profesional. Puedes curar a tus pacientes sin medicinas".

es. Was ist los mit mir?« Dann muss Greta viele Fragen stellen. Und natürlich muss sie die Antworten verstehen. Deshalb muss sie gut Spanisch sprechen.

Greta kauft viele Bücher, um ihr Spanisch zu verbessern. Luis sagt: »Greta, warum willst du noch mehr lernen? Dein Spanisch ist perfekt.« Und seine Frau sagt: »Nein, manchmal verstehe ich meine Patienten nicht.«

Heute ist der Sohn von Greta und Luis krank. »Papa, mir tut alles weh. Was ist los mit mir?« Luis weiß nicht, was er tun soll. Da kommt Greta, schaut ihren Sohn an und sagt: »Heute hast du einen Mathetest und willst nicht in die Schule, stimmt's?« Der Junge sagt: »Mhm.. jaaa, Mama, ich schreibe einen Test... und... und... mir geht's schon besser. Bis später!« Luis lacht und sagt: »Greta, du brauchst dein Spanisch nicht zu verbessern. Du bist Profi. Du kannst deine Patienten ohne Medikamente heilen.«

Ejercicios

1 Escoge la preposición correcta:
Wähle die richtige Präposition:

1. Hoy tengo un examen **de / en** matemáticas.
2. Puedes curar **de / a** tus pacientes **sin / por** medicinas.
3. **Por / En** supuesto, Greta tiene que entender las respuestas.
4. Greta y Luis trabajan **a / en** diferentes partes **al / del** hospital.
5. Todos los días, Greta habla **con / sin** mucha gente.
6. Greta compra libros **por / para** mejorar su español.

2 Escoge la respuesta correcta:
Wähle die richtige Antwort:

1. ¿De qué trabaja el marido de Greta?
   a) es doctor b) es enfermero c) es profesor
2. ¿Por qué compra Greta muchos libros?
   a) los compra para su hijo b) a su marido le gusta leer
   c) porque quiere mejorar su español
3. ¿A quién no entiende Greta a veces?
   a) a sus pacientes b) a su hijo c) a su marido
4. ¿Por qué el hijo de Greta no quiere ir al colegio?
   a) tiene un examen b) está enfermo c) no le gusta
5. ¿De qué es el examen?
   a) de español b) de matemáticas c) de medicina

3 Completa las frases con las siguientes palabras:
Vervollständige die Sätze mit den folgenden Wörtern:

medicinas / duele / siento / preguntas /
diferentes / compra

1. Greta y Luis trabajan en _____ partes del hospital.
2. Un paciente dice: "Doctora, me _____ mucho aquí".
3. Greta tiene que hacer muchas _____ .
4. Su hijo dice: "Sí, mamá, ya me _____ mejor".
5. Puedes curar a tus pacientes sin _____ .
6. Greta _____ muchos libros para mejorar su español.

4 Combina las columnas:
Verbinde die Spalten:

1. Un hospital es como una ciudad   a. pacientes
2. Hoy el hijo de Greta está   b. pequeña
3. Aquí trabaja mucha   c. colegio
4. A veces, no entiendo a mis   d. gente
5. El hijo de Greta no quiere ir al   e. enfermo
6. Hoy tienes un examen de   f. matemáticas

Soluciones

Ejercicio 1: 1–de, 2–a, sin, 3–Por, 4–en, del, 5–con, 6–para
Ejercicio 2: 1-b, 2-c, 3-a, 4-a, 5-b
Ejercicio 3: 1–diferentes, 2–duele, 3–preguntas, 4–siento,
5–medicinas, 6–compra
Ejercicio 4: 1–b, 2–e, 3–d, 4–a, 5–c, 6–f

Un restaurante en Perú
Ein Restaurant in Peru

Vocabulario

1. hermana (f.)
2. sur (m.)
3. cocinero (m.)
4. italiano
5. centro (m.)
6. preguntar
7. quién
8. cada
9. secreto (m.)
10. normalmente
11. redondo
12. cuadrado
13. delicioso
14. jefe (m.)
15. idea (f.)
16. amable
17. ayudar
18. comentario (m.)
19. comer
20. peruano
21. mil (m.)
22. sopa (f.)
23. postre (m.)
24. mexicano
25. madre (f.)

Schwester
Süden
Koch
italienisch
Zentrum
fragen
wer
jeder, jede
Geheimnis
normalerweise
rund
quadratisch
schmackhaft
Chef
Idee
freundlich, nett
helfen
Kommentar
essen
peruanisch
tausend
Suppe
Nachtisch
mexikanisch
Mutter

Un restaurante en Perú

Hola. Soy Matteo y esta es mi hermana Paula. Ahora vivimos en Lima, en Perú. No somos de aquí. Somos de Palermo, una ciudad del sur de Italia. Somos cocineros y tenemos un restaurante italiano en el centro de la ciudad.

Mucha gente nos pregunta: "¿Os gusta la pizza?". Y nosotros decimos: "Sí, claro. ¿A quién no le gusta la pizza?". Cada cocinero tiene su secreto. Normalmente, las pizzas son redondas. Pero nuestras pizzas son cuadradas y deliciosas.

En el restaurante, Paula es la jefa. Ella tiene las mejores ideas. Es amable y siempre ayuda a todo el

Ein Restaurant in Peru

Hallo. Ich bin Matteo und das ist meine Schwester Paula. Jetzt leben wir in Lima, in Peru. Wir sind nicht von hier. Wir kommen aus Palermo, einer Stadt in Süditalien. Wir sind Köche und haben ein italienisches Restaurant im Stadtzentrum.

Viele Leute fragen uns: »Mögt ihr Pizza?« Und wir sagen: »Ja klar, wer mag schon keine Pizza?« Jeder Koch hat sein Geheimnis. Normalerweise sind Pizzen rund. Aber unsere Pizzen sind quadratisch und äußerst schmackhaft.

Im Restaurant ist Paula die Chefin. Sie hat die besten Ideen. Sie ist freundlich und hilft immer allen.

mundo. Los clientes siempre están contentos. Y siempre escriben buenos comentarios en internet. Tenemos el mejor restaurante de la ciudad, porque Paula es la mejor jefa del mundo.

Me encanta comer. Por eso, me gusta vivir en Perú. La cocina peruana es increíble. En Perú, hay muchos platos diferentes. Y todos están muy buenos. La cocina peruana tiene dos mil quinientas sopas diferentes. Además, tiene más de doscientos cincuenta postres típicos. Son muchos, ¿verdad? ¡Quiero probarlos todos!

A veces, mis amigos me preguntan: "Matteo, ¿qué comida es mejor? ¿La peruana o la italiana?". Yo no sé qué decir. ¿Sabéis por qué? Porque mi comida favorita es la comida mexicana. Y también me gusta la cocina española. Además, la mejor comida del mundo es la comida de mi madre.

Die Gäste sind immer zufrieden. Und sie schreiben immer gute Kommentare im Internet. Wir haben das beste Restaurant der Stadt, weil Paula die beste Chefin der Welt ist.

Ich esse gerne. Deshalb lebe ich gerne in Peru. Die peruanische Küche ist unglaublich. In Peru gibt es viele verschiedene Gerichte. Und sie sind alle sehr lecker. Die peruanische Küche bietet zweitausendfünfhundert verschiedene Suppen. Und es gibt mehr als zweihundertfünfzig landestypische Desserts. Das sind viele, oder? Ich will sie alle kosten!

Manchmal fragen mich meine Freunde: »Matteo, welches Essen ist besser? Peruanisch oder italienisch?« Ich weiß nicht, was ich sagen soll. Wisst ihr, warum? Weil mein Lieblingsessen Mexikanisch ist. Ich mag auch die spanische Küche. Und das beste Essen der Welt macht sowieso meine Mutter.

Ejercicios

----

1 Escoge la preposición correcta:
Wähle die richtige Präposition:

---

1. No somos **por / de** aquí. Somos **por / de** una ciudad **del / para** sur de Italia.
2. Tenemos un restaurante **al / en el** centro **de / a** la ciudad.
3. Hacemos la mejor pizza **al / del** mundo.
4. Paula siempre ayuda **con / a** todo el mundo.
5. Los clientes escriben buenos comentarios **a / en** internet.
6. La cocina tiene más **de / a** doscientos cincuenta postres.

2 Escoge la respuesta correcta:
Wähle die richtige Antwort:

---

1. ¿Quiénes son Matteo y Paula?
   a) son hermanos b) son marido y mujer
   c) son padre e hija

2. ¿Cómo son sus pizzas?
   a) pequeñas b) redondas c) cuadradas

3. ¿Quién tiene las mejores ideas?
   a) Matteo b) Paula c) su madre

4. ¿Qué cocina tiene dos mil quinientas sopas?
   a) la española b) la italiana c) la peruana

5. ¿Cuál es la comida favorita de Matteo?
   a) la comida de su madre b) la peruana c) la pizza

 3 Completa las frases con las siguientes palabras:
Vervollständige die Sätze mit den folgenden Wörtern:

cuadradas / sur / encanta / jefa /
postres / preguntan

1. En Perú hay más de doscientos cincuenta _____ típicos.
2. Palermo es una ciudad del _____ de Italia.
3. Paula es la mejor _____ del mundo.
4. Me _____ comer. Por eso, me gusta vivir en Perú.
5. Nuestras pizzas son _____ . ¿Quieres probarlas?
6. Mis amigos me _____ : "Qué comida es mejor?".

4 Combina las columnas:
Verbinde die Spalten:

1. Normalmente las pizzas son   a. diferentes
2. Los clientes siempre están   b. redondas
3. Vivimos en Perú pero no somos   c. de aquí
4. Los clientes escriben buenos   d. contentos
5. En Perú hay muchos platos   e. sopas
6. La cocina peruana tiene 2500   f. comentarios

Soluciones

Ejercicio 1: 1–de, de, del, 2–en el, de, 3–del, 4–a, 5–en, 6–de
Ejercicio 2: 1-a, 2-c, 3-b, 4-c, 5-a
Ejercicio 3: 1–postres, 2–sur, 3–jefa, 4–encanta, 5–cuadradas, 6–preguntan
Ejercicio 4: 1–b, 2–d, 3–c, 4–d, 5–a, 6–e

Notas

Notas